Gedichte kreativ! Hans-Peter Tiemann

Heinz Erhardt erleben

Die Made

Hinter eines Baumes Rinde
wohnt die Made mit dem Kinde.
Sie ist Witwe, denn der Gatte,
den sie hatte, fiel vom Blatte.

**Ein hinreißendes Deutschprojekt
für 8- bis 14-Jährige**

40 Kopiervorlagen

KOHL VERLAG
Lernen mit Erfolg
Der Verlag mit dem Baum
www.kohlverlag.de

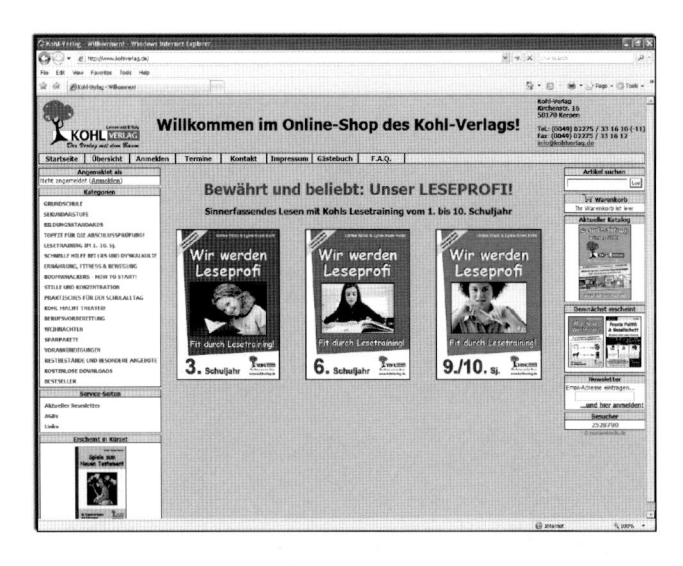

Nutzen Sie unseren bequemen Onlineshop!

• Ausführliche Informationen
• Aussagekräftige Leseproben
• Schnäppchen & besondere Angebote

www.kohlverlag.de

Heinz Erhardt erleben
Ein hinreißendes Deutschprojekt für 8- bis 14-Jährige

1. Auflage 2009

© Kohl-Verlag, Kerpen 2009

Sämtliche Gedichte von Heinz Erhardt wurden entnommen aus:
Heinz Erhardt, Das große Heinz Erhardt Buch; Lappan Verlag, Oldenburg 1999

Inhalt: Hans-Peter Tiemann
Illustrationen: Linda Schultz
Grafik & Satz: Kohl-Verlag
Druck: farbo Druck, Köln

Bestell-Nr. 10 988

ISBN: 3-86632-988-1
ISBN-13: 978-3-86632-988-1

Inhalt

Seite

Vorwort		4
Kleines Vorwort für Schülerinnen und Schüler		5 - 6
Mein „Heinz Erhardt"-Freiarbeitsplan		7

I. Heinz Erhardt – Eine Lebensgeschichte — 8 - 9

II. Die Gedichte

1	Die Made	5 - 13
2	Fußball	14 - 16
3	Überlistet	17 - 18
4	Ein Brief aus Hagenbeck	19 - 20
5	Warum die Zitronen sauer wurden	21 - 22
6	Ritter Fips als Held	23 - 24
7	Ritter Fips und der Magere	25 - 26
8	Ritter Fips und das Küchenpersonal	27 - 28
9	Der König Erl	29 - 30
10	Ein Pianist spielt Liszt	31 - 32
11	Der alte Wolf	33 - 34
12	Ganz zuletzt	35

III. Weitere Arbeitsaufträge — 36 - 38

IV. Kleines Lyrik-Lexikon — 39 - 42

V. Die Lösungen — 43 - 46

Noch'n Vorwort!

Sehr geehrte Kolleginnen und Kollegen,

seine Sprüche und Gedichte sind in aller Munde, dennoch begegnen uns in der Schule höchstens einmal der „Ritter Fips" oder „Die Made". In aktuellen Lese- und Sprachwerken tritt Heinz Erhardt kaum noch auf, dabei eignet sich gerade dieser Autor in hervorragender Weise, Kinder für Gedichte zu begeistern. Heinz Erhardt „erleben", das heißt erst einmal, seine Texte beim Lesen und beim Vortragen genießen, deren Vitalität und Hintersinn spüren, sich an frechen Wortspielen und schrulligen Szenarien erfreuen. So lassen wir uns ins Madenheim hinter der Baumrinde entführen, begleiten Ritter Fips von Fipsenstein durch ein aufregendes, von vielen Pannen heimgesuchtes Ritterleben und reiten mit König Erl durch die Nacht. Kindliche Spielfreude, die Lust an literarischer Verwandlung und die Begeisterung für halsbrecherische Reime sind unsere Wegbegleiter.
Ein Deutschunterricht sollte dieses ästhetische Vergnügen ermöglichen, noch bevor man sich der Gedichte von Heinz Erhardt mit analytischen Verfahren nähert. So präsentiert die vorliegende Textsammlung einen Querschnitt durch das lyrische Schaffen des Autors, indem hier bekannte und weniger bekannte Gedichte vorgestellt werden, deren Inhalte von Schülerinnen und Schülern schon bei erster Lektüre erfasst werden können. Diese Gedichte laden uns ein zu kleinen Inszenierungen im Klassenraum, sei es durch szenische Interpretation oder durch angemessene Rezitation.
Zu jedem Werk finden sich Arbeitsaufträge, die zunächst helfen sollen, den Text literarisch zu erschließen. Die auf den ersten Blick „einfachen" Gedichte erweisen sich bei analytischer Betrachtung als kleine Sprachkunstwerke, filigran gebaut und liebevoll entworfen. Hier lohnt es sich, sprachliche Gestaltungsmittel und metrische Eigenarten zu entdecken und zu benennen.
Die weiteren Arbeitsaufträge fordern auf, die lyrischen Vorlagen um eigene Text- und Gestaltungsideen zu ergänzen: Verschiedene textproduktive Verfahren im Umgang mit Gedichten werden dabei angeregt: Transformationen entstehen, indem Paralleltexte, Ergänzungen oder Umsetzungen in andere Textsorten durchgeführt werden. Szenische Realisation ist erwünscht, indem die Handlungskerne der Gedichte dialogisiert und spielerisch inszeniert werden. Das Figureninventar darf um eigene Erfindungen ergänzt werden, visuelle und akustische Gestaltungsideen runden die Arbeiten ab. Die Produktion eigener Gedichte erweist sich immer dann als zu anspruchsvoll, wenn dem „Nun reimt mal schön!" keine Impulse, stützende Hinweise und Reimvorlagen folgen. Dagegen werden diese Arbeitsschritte hier immer durch Beispieltexte oder durch Textanfänge, die von den Schülerinnen und Schülern fortgesetzt werden können, initiiert.

So ist eine Material- und Aufgabensammlung entstanden, die dazu beiträgt, das lyrische Werk von Heinz Erhardt mit der Spielfreude und mit dem ästhetischen Genuss zu erschließen, den es verdient. Sämtliche Arbeitsblätter bieten sich für eine Unterrichtsreihe „Heinz Erhardt", ergänzt um Prosatexte und Biographisches, ebenso an wie für die Lern- und Leistungsdifferenzierung. Die Lösungskontrolle im Anhang und die einleitenden Hinweise empfehlen das Material auch für die Freie Arbeit. Schließlich sind einige recht anspruchsvolle Aufgabenstellungen auch im Rahmen einer Begabtenförderung im Deutschunterricht einsetzbar.

Eindrucksvolle „Erlebnisse mit Heinz Erhardt" im Unterricht wünschen der Kohl-Verlag und

Hans-Peter Tiemann

Kleines Vorwort für Schülerinnen und Schüler

Hallo!

Falls du Gedichte magst, bist du hier genau richtig. Wenn du bisher um Gedichte einen großen Bogen gemacht hast, bist du hier ebenfalls richtig, denn die Texte von Heinz Erhardt werden dir bestimmt gefallen. Hier tritt ein Ritter auf, der unglaubliche Abenteuer besteht, ein Äffchen im Zoo schreibt einen Brief an die Mama im Urwald, ein Madenkind bricht zu einer riskanten Reise auf und schließlich wirst du erfahren, warum die Zitronen sauer wurden.

Die „Heinz Erhardt"-Mappe

Deine Lehrerin oder dein Lehrer wird dir sagen, wie du mit den Arbeitsblättern umgehen sollst. Lege dir zunächst einen Hefter im A4-Format zu. Darin sammelst du sämtliche Arbeitsblätter und Ergebnisse deiner Beschäftigung mit „Heinz Erhardt", also Bilder, Texte und vieles mehr. Zeichne ein schönes Titelbild für das Deckblatt deiner Mappe und hefte die Arbeitsergebnisse der Reihe nach ab. Notiere auf dem Freiarbeitsplan, welche Arbeitsaufträge du an welchen Tagen bearbeitet hast.

Die Arbeitsaufträge

Auf jedem Blatt findest du ein paar Arbeitsaufträge zu den Gedichten von Heinz Erhardt. Vor jedem Auftrag steht eine Zahl. Schreibe sie bitte zusammen mit der Seitenzahl auf, wenn du den Auftrag bearbeitest. Ein Beispiel: 12/2 bedeutet also „Auftrag 2 auf der Seite 12." Vor manchen Aufträgen stehen Symbole. Sie bedeuten:

Mündlich bearbeiten

Hier sollst du deine Arbeitsergebnisse mündlich in Form eines kleinen Vortrages präsentieren.

Schriftlich bearbeiten

Bei diesen Aufgaben sollst du selbst Texte schreiben, mal eine Erzählung, mal auch ein eigenes Gedicht.

Bildnerische Gestaltung

Wenn du das Symbol mit den Pinseln und Stiften entdeckst, sollst du zeichnen, malen oder etwas basteln. Daraus kann eine Ausstellung oder eine Präsentation im Klassenraum werden.

Gespräch

Dieses Symbol lädt ein zum Unterrichtsgespräch.

Kleines Vorwort für Schülerinnen und Schüler

Lesen und Vorlesen
Du sollst einen Text still lesen oder einer Gruppe oder der Klasse vortragen.

Untersuchen, recherchieren
Hier sind Expertinnen und Experten gefragt, die einen Text genau unter die Lupe nehmen, Textstellen markieren und auswerten. Auch die Recherche mit Hilfe von Lexika oder Computer, das Sammeln von Informationen zu einem Thema ist hier gemeint.

Spielszene
Präsentiert eure Ergebnisse als Spielszene der Klasse. Vielleicht bringt ihr etwas zum Verkleiden oder andere Requisiten mit.

(L) Lösungskontrolle
Das große *(L)* hinter der Aufgabe zeigt dir, dass du im Lösungsteil nachschlagen kannst. Hier findest du manchmal auch nur Lösungsvorschläge.

Jetzt aber viel Spaß und viel Erfolg mit „Heinz Erhardt"!

Mein „Heinz Erhard-Freiarbeitsplan"

Name: _____

Arbeitsblatt Nummer:	Aufgabe Nummer:	Bearbeitet am (Datum):	Partner-/Gruppen-arbeit mit:	Lehrerin/Lehrer (Unterschrift):

I. Heinz Erhardt – eine Lebensgeschichte

Der Schauspieler, Humorist und Dichter war Deutschlands beliebtester Komiker von den 1950er bis in die 1970er Jahre. Er hatte in dieser Zeit unzählige Auftritte am Theater, im Radio und im Fernsehen. Ein Markenzeichen seiner Komik sind die absichtlich unbeholfen wirkenden Texte mit den doppeldeutigen Aussagen und Wortspielen.

Heinz Erhardt wurde als Sohn eines Kapellmeisters am 20. Februar 1909 in Riga, der heutigen Hauptstadt Lettlands, geboren. Er selbst schreibt dazu: *„20. Februar 1909. Das Thermometer zeigte 11 Grad minus und die Uhr 11 Uhr vormittags, als vor unserem Haus das Hauptwasserrohr platzte. Im Nu war die Straße überschwemmt und im gleichen Nu gefroren. Die Kinder kamen zuhauf, um auf ihren Schuhen schlittzulaufen. - (Hier gehen die Meinungen auseinander, denn man kann Schlitt auch groß schreiben, wie zum Beispiel: Ich fahre Boot. Andererseits schreibt man: Ich fahre Rad. Ich bin beim kleinen schlitt geblieben, weil es sich ja hier um Kinder handelt.) - Ich selbst konnte mich an diesem fröhlichen Treiben nicht beteiligen, weil ich noch nicht geboren war. Dieses Ereignis fand erst gegen Abend statt, und da war die Eisbahn längst gestreut."* (aus seiner unvollendeten Lebensgeschichte „Ich war eine frühentwickelte Spätausgabe").

Schon mit 4 Jahren begann er Klavier spielen zu lernen. Seine Eltern ließen sich früh scheiden, so dass er bei den Großeltern aufwuchs. Von 1919 bis 1924 lebte er vornehmlich in Hannover. Dort schwänzte er oft die Schule, schrieb Gedichte über seine Lehrer und ging nach mehreren Schulwechseln schließlich ohne Abitur ab, machte von 1927 bis 1928 eine Lehre in einem Musikalienhandel in Leipzig, um später die Konzertagentur Nelder vom Großvater zu übernehmen.

Daneben studierte Heinz Erhardt Klavier und trat in diesen Jahren schon bei kleinen Veranstaltungen als Stegreifkomiker auf, spielte auf dem Klavier und komponierte. Als sein Großvater 1929 starb, übernahm sein Stiefvater den Betrieb in Leipzig, während Heinz sich vornehmlich auf seine Karriere als Unterhalter bei Vereins- und Familienfesten konzentrieren konnte.

Im Jahr 1932 feierte er die ersten größeren Erfolge bei Auftritten im Deutschen Schauspiel in Riga. Heinz Erhardt wurde als regionale Komikergröße von der Presse und vom Publikum gefeiert. 1934 trifft er die Liebe seines Lebens und beschreibt das so: *„Ich war ein harmloser Langweiler, mit Hemmungen bis über die Hutschnur. So verschlug´s mir erst einmal die Sprache, als ich knapp fünfundzwanzigjährig im Frühjahr 1934 einen Fahrstuhl betrat und mich urplötzlich einer jungen Dame gegenüber sah, die ein Wagenrad von einem Hut auf dem hübschen Kopf balancierte. Dann aber fasste ich mich und fragte klugerweise „Wollen Sie auch nach oben?" – Wir befanden uns parterre. Die junge Dame meinte es jedoch gnädig mit mir. Sie lachte nicht Hohn, sondern sagte schlicht und ergreifend „Ja". Woraufhin ich zuerst den vierten (für mich) und dann den fünften Knopf (für sie) betätigte. Die Fahrstühle in Riga fuhren seinerzeit glücklicherweise sehr langsam. Das gab mir die Möglichkeit, ein paar Sätze mit der schönen Unbekannten zu wechseln."* (aus seiner unvollendeten Lebensgeschichte „Ich war eine frühentwickelte Spätausgabe").

I. Heinz Erhardt – eine Lebensgeschichte

Im Jahr 1935 heiratete er Gilda Zanetti. Aus der Ehe gingen später die Kinder Grit, Verena, Gero und Marita hervor.

Der Durchbruch als Theaterschauspieler gelang ihm 1938 am Berliner „Kabarett der Komiker". Zu Beginn des Zweiten Weltkrieges trat er als Entertainer und Pianist mit der bekannten Tänzerin La Jana auf. Erst im November 1941 wurde Heinz Erhardt als Soldat einberufen. Er kam, obwohl er Nichtschwimmer war, zum Musikkorps der Marine und ging anschließend als Truppenbetreuer auf Tournee, um die Soldaten mit seinen komischen Programmen zu unterhalten.

Nach dem Krieg moderierte Heinz Erhardt in Hamburg zunächst die Radiosendung „So was Dummes", spielte außerdem Theater in der Komödie „Lieber reich, aber glücklich." Zehn Jahre später begann mit der Hauptrolle in „Der müde Theodor" seine große Kinokarriere. In den nächsten 15 Jahren spielte er sehr erfolgreich in insgesamt 39 Filmen mit.

1961 gründete Heinz Erhardt eine eigene Produktionsfirma, die er jedoch drei Jahre später aus wirtschaftlichen Gründen wieder aufgeben musste. In diesen Jahren entstanden seine ersten Bücher, in denen er Gedichte und Sketche veröffentlichte. 1963 erschien sein überaus erfolgreicher Titel „Noch'n Gedicht".

Es folgten zahlreiche weitere Gedichtbände und viele Fernsehauftritte. Ein Schlaganfall setzte der Karriere des Komikers im Jahr 1971 ein Ende. Heinz Erhardt starb am 5. Juni 1979 in Hamburg.

....

1. 12 Fragen

Fertigt in Kleingruppen 12 Fragekärtchen zum Leben von Heinz Erhardt an – schreibt die Antworten auf die Rückseiten. Fragt dabei nicht nur nach Jahreszahlen. Spielt anschließend eine Quizrunde.

2. Typisch Erhardt

Untersuche die beiden Texte, die Heinz Erhardt selbst zu seiner Lebensgeschichte geschrieben hat, und erläutere, woran du erkennst, dass hier ein Komiker sein Leben kommentiert. *(L)*

3. Kinoheld

Informiere dich im Internet über Kinofilme, in denen Heinz Erhardt mitgewirkt hat. Wähle einen Film aus, den du dir gern ansehen würdest. Begründe deine Entscheidung.

II. Die Gedichte

1 Die Made

Die Made

Hinter eines Baumes Rinde
wohnt die Made mit dem Kinde.
Sie ist Witwe, denn der Gatte,
den sie hatte, fiel vom Blatte.
Diente so auf diese Weise
einer Ameise als Speise.

Eines Morgens sprach die Made:
„Liebes Kind, ich sehe grade,
drüben gibt es frischen Kohl,
den ich hol. So leb denn wohl!
Halt, noch eins! Denk, was geschah,
geh nicht aus, denk an Papa!"
Also sprach sie und entwich. –
Made junior aber schlich
hinterdrein; und das war schlecht!
Denn schon kam ein bunter Specht
und verschlang die kleine
fade
Made
ohne Gnade.
Schade!

Hinter eines Baumes Rinde
ruft die Made nach dem Kinde ...

....

1. Madendrama

Trage das Gedicht vor. Drücke dabei die Situationen und die Stimmungen aus, von denen im Gedicht die Rede ist. Benutze für deinen Vortrag diese „Zutaten" *(L)*:

- ein mütterlich liebevolles Streicheln
- ein Taschentuch
- ein erhobener Zeigefinger
- ein erwartungsvolles Händereiben
- ein Umherblicken, ob „die Luft rein ist"
- ein heimliches Davonschleichen
- ein verzweifelter Ruf

1 Die Made

2. Madentratsch am Telefon

Stellen wir uns eine Madendame (Madine) vor, die hinter der Rinde des Nachbarbaumes lebt und von dort aus alle Ereignisse beobachtet hat, von denen im Gedicht die Rede ist. Sie erzählt ihrer Freundin Madella am Telefon davon. Schreibe das Telefongespräch auf. Spielt es anschließend mit verteilten Rollen der Klasse vor. Du kannst so beginnen:

Madine: *Hast du schon gehört, was bei Madens nebenan passiert ist?*

Madella: *Wen meinst du? Etwa Mutter Made mit dem abgestürzten Gatten und dem vorlauten Töchterchen?*

Madine: *Genau die!*

Madella: *Was ist denn mit denen?*

3. Und nun?

a) Der Autor des Gedichtes hat den letzten Vers mit drei Pünktchen ausklingen lassen. Beschreibe, was er damit ausdrücken möchte. *(L)*

b) Setze das Gedicht gereimt oder ungereimt fort, indem du von weiteren Ereignissen im Leben der Madenwitwe erzählst. Hier findest du Fortsetzungen zur Auswahl:

Ihr Rufen hörte eine Meise
und lud sie ein zu einer Reise.
Die Made ...

Ein netter junger Madenmann
klopfte an der Rinde an.
Er sprach: „ ...

Ein Mädchen rief am Baum ganz leise:
„Ich bin Marie, die Madenwaise.
Ich habe keine Mutter mehr ...

1 Die Made

4. Reichhaltige Reimerei

a) Heinz Erhardt hat in diesem Gedicht verschiedene Reimtypen benutzt. Unterstreiche die Wörter, die einen Binnenreim (rot) und einen Haufenreim (blau) bilden. *(L)*

b) Lest, was Tom, Marie und Klara dazu sagen. Nehmt begründet Stellung zu den drei Meinungen. *(L)*

> Diese Überdosis Reime ist einfach zu viel für den Leser. Dadurch wirkt alles sehr übertrieben.
> — **Tom**

> Der Haufenreim ist sehr gut. Er verstärkt die komische Wirkung des Gedichtes.
> — **Klara**

> Die vielen Reime bringen das Gedicht richtig zum Klingen.
> — **Marie**

5. Maden

a) Informiere dich in einem Lexikon oder im Internet über das Leben der Made. Finde heraus, ob es überhaupt „Madenkinder" geben kann. Fasse deine Ergebnisse schriftlich zusammen. *(L)*

b) Schreibe dem Autor des Gedichtes einen Brief, in dem du ihn über die Biologie der Made aufklärst. – So kannst du beginnen:

„Lieber Herr Erhardt, In Ihrem Gedicht ‚Die Made' behaupten Sie, ..."

1 Die Made

6. Schädlings-Show

Auf dieser Internetseite findest du ein „Lexikon der Schädlinge" mit vielen Informationen zur Lebensweise und zur Biologie dieser Tiere:

http://lexikon-der-schaedlinge.de/

Benutze die Informationen für ein Gedicht oder für eine kleine Erzählung. Im Mittelpunkt stehen diese Tiere, die „vermenschlicht" werden und etwas erleben. Hier ein Beispiel:

> Zwischen faulen Essensresten
> hockt die Schabe mit zwei Gästen:
> der hochbetagten Kellerassel
> aus dem Altenheim bei Kassel
> und der jungen Kakerlake
> aus der städtischen Kloake.

7. Sieben Todesarten

Denke dir weitere Ereignisse aus, wie die Made ums Leben kommen könnte. Leite mit den Zeilen von Heinz Erhardt ein:

Made junior aber schlich hinterdrein; und das war schlecht!

Versuche, gereimte Zweizeiler daran anzuschließen. Hier findest du mögliche Textanfänge, die du benutzen kannst:

> Da kommt ein Kind auf einem Rade
> und ...

> Es geschah am Teich beim Bade,
> da ...

> Sie fiel ins Glas mit Limonade,
> ...

Reimkiste für Madengedichte

Barrikade – Fassade – gerade – Gnade – Marmelade – Promenade – Remoulade – Roulade – Militärparade – Schokolade – Wade – Zikade – Schwade - Blockade

Seite 13

2 Fußball

Fußball

Vierundvierzig Beine rasen
durch die Gegend ohne Ziel,
und weil sie so rasen müssen,
nennt man das ein Rasenspiel.

Rechts und links stehn zwei Gestelle,
je ein Spieler steht davor.
Hält den Ball er, ist ein Held er,
hält er nicht, schreit man: „Du Toooor!"

Fußball spielt man meistens immer
mit der unteren Figur.
Mit dem Kopf, obwohl's erlaubt ist,
spielt man ihn ganz selten nur.

···

1. Leseprobe

Trage das Gedicht wie die Sprecherin oder der Sprecher einer Life-Reportage vor, bei der das hier erwähnte Fußballspiel vor deinen Augen abläuft. Sprich dabei ...

   a) ... mit sehr viel Anteilnahme am Geschehen.
   b) ... eher gelangweilt vom Spiel.

2. Keine Ahnung?

Stellt dar, worum es in diesem Gedicht geht. Entscheidet und begründet, um wen es sich bei dem Sprecher des Textes handelt *(L)*:

   a) um einen Fußballexperten
   b) um jemanden, der von Fußball überhaupt nichts versteht
   c) um jemanden, der zwar etwas von Fußball versteht, sich hier jedoch dumm stellt.

3. Kabinenpredigt

Lasse einen der beiden Trainer in der Halbzeitpause des hier geschilderten Spiels zu Wort kommen und schreibe auf, was er seiner Mannschaft in der Kabine sagen könnte.

4. Sportseite

Schreibe den Zeitungskommentar über ein erdachtes Fußballspiel, das genau die Schwächen hat, von denen im Gedicht die Rede ist.

2 Fußball

5. Doppeldeutig

a) Beschreibe mit deinen eigenen Worten, wodurch dieses Gedicht komisch wirkt *(L)*.

b) Im Text findest du Wörter, die eine doppelte Bedeutung haben. Man nennt sie „Homonyme". Unterstreiche die Homonyme, schreibe sie anschließend heraus und notiere die beiden Bedeutungen *(L)*.

c) Erkläre, warum der Autor diese Wörter benutzt haben könnte *(L)*.

Information: Ein Wort, das zwei oder mehr Dinge oder Begriffe bezeichnet, nennt man ein Homonym (griechisch: gleicher Name).

Beispiel: das Wort „Bank" bedeutet (1) „Geldinstitut" und (2) „Sitzgelegenheit".

---

6. Teekesselchen

Erklärt, was das berühmte „Teekesselchen-Spiel" mit Homonymen zu tun hat, und spielt es anschließend *(L)*.

7. Wo laufen sie denn?

In dem berühmten Sketch *„Auf der Rennbahn"* von Wilhelm Bendow und Franz-Otto Krüger quält ein ahnungsloser Besucher eines Pferderennens, der von dieser Sportart ganz und gar nichts versteht, seinen Nachbarn andauernd mit der Frage: „Wo laufen sie denn, wo laufen sie denn hin?" Der Angesprochene ist davon derart genervt, dass er bald nur noch zornige Antworten gibt und schließlich ausruft: „Sie sind doch ein selten dämlicher Hund". Im Internet findest du die Tonaufnahme von 1946 mit Wilhelm Bendow und Franz-Otto Krüger. Loriot hat dazu die Bilder gezeichnet. Vergleiche den Sketch mit dem Gedicht von Heinz Erhardt und finde heraus, welche Gemeinsamkeiten beide Texte haben *(L)*.

2 Fußball

8. Sumo und so weiter ...

Schreibe selbst einen gereimten oder ungereimten Kommentar aus der Sicht eines Zuschauers, der scheinbar nichts von der Sportart versteht. Dazu eignen sich besonders die ungewöhnlichen Sportarten wie etwa das Sumoringen. Hier kannst du übrigens nachlesen, welche Bedeutung die Bewegungen und Zeremonien bei dieser Sportart haben:

http://www.japan-tipp.de/modules.php?name=Content&pa=showpage&pid=20

Benutze – wenn du möchtest - einen dieser Gedichtanfänge und setze ihn fort:

Sumoringen

Ein ziemlich Dicker wirft mit Salz,
ein zweiter Dicker ebenfalls.
Beide tragen Lendenschurz,
hinten schmal und vorne kurz.
Jetzt ...

Curling

Ein Spieler setzt ein Bügeleisen
so behutsam auf das Eis,
als wolle er der Welt beweisen,
es sei zerbrechlich, kostbar, heiß.
Dann beginnt das große Fegen...

Formel-1-Rennen

Seht mal, wie der Rote flitzt!
Gleich wird der bestimmt geblitzt!
Leute sagt es mir, wer weiß,
warum fährt der Mann im Kreis?
Und warum tauscht er die Reifen?
Sagt mir, wer ...

9. In der Fankurve

Jemand, der überhaupt nichts von einer Sportart versteht, mischt sich in der Fankurve mit unpassenden Fragen und „dummen" Kommentaren ein, während ringsum die Fans begeistert mitfiebern und entweder mitleidig, verständnisvoll oder ganz und gar verständnislos und zunehmend ärgerlich reagieren. Spielt diese Szene mit verteilten Rollen.

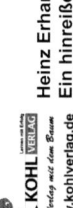

3 Überlistet

Überlistet

Wenn Blätter von den Bäumen stürzen,
die Tage täglich sich verkürzen,
wenn Amsel, Drossel, Fink und Meisen
die Koffer packen und verreisen,
wenn all die Maden, Motten, Mücken,
die wir versäumten zu zerdrücken,
von selber sterben – so glaubt mir:
es steht der Winter vor der Tür!

Ich lass ihn stehn!
Ich spiel ihm einen Possen!
Ich hab die Tür verriegelt
und gut abgeschlossen!
Er kann nicht rein!
Ich hab ihn angeschmiert!
Nun steht der Winter vor der Tür –
und friert!

---

1. Merkwürdiger Mann

a) Wie mag er wohl aussehen, dieser Herr Winter, von dem Heinz Erhardt in seinem Gedicht redet? Zeichnet ihn.

b) Der Künstler Moritz von Schwindt hat sich den Winter um 1840 so vorgestellt. Beschreibe die Bilder *(L)*:

Quelle: Fliegende Blätter, Nr. 124

3 Überlistet

2. Wetterbericht

Verwandle den Text des Gedichtes – mit kleinen Veränderungen – in einen Wetterbericht. Schlüpfe anschließend in die Rolle eines Sprechers oder einer Sprecherin und trage dein Ergebnis vor.
So kannst du beginnen:

> „Im Stadtpark und im Wald stürzten sich am frühen Morgen bereits zahlreiche Blätter von den Bäumen. Anwohner haben beobachtet, dass sich die Tage neuerdings ..."

3. Personifikation

Heinz Erhardt benutzt in diesem Gedicht einige Personifikationen. Lies dazu die Information und unterstreiche die Textstellen, an denen eine Personifikation vorliegt. Finde heraus, welche Wirkung der Autor damit beim Leser erreichen möchte *(L)*.

Personifikation (Vermenschlichung):

Man verleiht Tieren, Pflanzen, Gegenständen oder Begriffen eine Stimme, menschliche Eigenschaften und menschliches Verhalten. Wer etwas „personifiziert", stellt es als Person dar.: Beispiele: „die Sonne lacht", „der Fluss murmelt." Personifikation ist eines der häufigsten Stilmittel in Gedichten.

---

4. Possenspiel

a) In der zweiten Strophe des Gedichtes spielt der Sprecher dem Winter „einen Possen". Finde heraus, was man darunter versteht. Benutze ein Lexikon oder das Internet *(L)*.

b) Spiele die Szene aus der zweiten Strophe, in der der Winter um Eintritt bittet, aber vom Sprecher des Gedichtes auf interessante Weise abgewiesen wird.

5. Kofferpacken

Schreibt eine Spielszene und führt sie auf: Die im Gedicht erwähnten Vögel packen ihre Koffer. Dabei kommt es zu einem Gespräch. Ihr könnt diesen Textanfang fortsetzen:

Amsel: Pack bitte meine Tabletten gegen Flugangst ein, Drosselchen!
Drossel: Ja doch, Amsel!
Fink: Ich fliege, ich fliege nicht, ich fliege...
Amsel: Was ist denn mit Finki los?
Drossel: Der Junge hat gestern Abend an der Vogeltränke eine flotte Meise kennen gelernt und kann sich nun nicht von ihr trennen...

4 Ein Brief aus Hagenbeck

Ein Brief aus Hagenbeck

An Frau Coco
geborene Cucu,
verwitwete Fips
Urwald
Wenn man reinkommt 3. Baum links, 4. Astwerk
Afrika

Liebe Mama und liebe Geschwister!
Erinnert ihr euch noch an den Mister,
der mich, als ich fröhlich am Aste hing,
fing? Das war ein Ding!

Der steckte mich einfach in einen Kasten!
Da saß ich nun drin und musste fasten,
dann flog und fuhr ich lange Wege
und jetzt sitz' ich hier im Freigehege.

Wir sind zu sechst, sind ganz verträglich,
bis auf den einen, der ist unmöglich!
Der kratzt sich immer am Arm, am Kiefer
(wahrscheinlich hat er Ungeziefer).

Ich hatte neulich 'nen Schnupfen gekriegt.
Ob das an diesem Eisbären liegt,
da drüben?

Ihr Lieben,

Das Essen ist hier reichlich und schmeckt,
auch kommt kein Raubtier, das einen erschreckt,
doch grauenhaft ist an jedem Tage
die Menschenplage.

Da kommen sie dann in rauhen Mengen
und gucken und schieben und stoßen und drängen
und wenn ich auch bloß ganz ruhig sitze,
sie lachen bloß und machen Witze
und reden nichts als dummes Zeuch!
Und wie geht's euch?

Euer Schimpi

···

1. Schimpis Geschichte

Erkläre mit eigenen Worten, wer hier einen Brief an wen schreibt und was er von sich sagt. „Hagenbeck" ist übrigens der Name des Tierparks in Hamburg, benannt nach dessen Gründer. **(L)**

Seite 19

4 Ein Brief aus Hagenbeck

2. Grauenhafte Menschenplage

Spielt pantomimisch, also ohne Worte, wie sich eine Gruppe von Zoobesuchern vor dem Affenkäfig verhält.

3. Briefwechsel

a) Schreibe den Antwortbrief von Frau Coco an ihren Sohn Schimpi.

b) Schreibe einen weiteren Brief von Schimpi an seine Mutter. Er handelt von einem besonderen Ereignis im Zoo. Du kannst eines der folgenden Themen wählen, aber auch eine ganz eigene Idee umsetzen:

Besuch einer Schulklasse

Der erste Tag mit Willi, dem neuen Tierpfleger

Tonga, das Schimpansenmädchen, wird gebracht

4. Der Postsack aus dem Zoo

Der Postsack, den Zoowärter Krause jeden Tag zur Post bringt, enthält zahlreiche Briefe. Die Tiere schreiben an ihre Liebsten daheim, an Freundinnen und Freunde in anderen Zoos oder auch an Zoodirektor Havermann. Die Krokodile bitten vielleicht um besseres Futter, die Eisbären beschweren sich über die mangelnde Käfigkühlung und für die Giraffen ist vielleicht der Schlafplatz zu klein... Schreibt ein paar dieser Briefe, zeichnet Bilder dazu, steckt sie in Briefumschläge und gestaltet eine kleine Ausstellung. Wenn ihr reimen möchtet, verwendet diese oder ähnliche Anfänge:

Kamel an Brüder: Schreibe euch aus fernem Land, sehne mich nach Wüstensand!

Pingu an Familie: Lieber Papa auf Scholle 10 an dem Brief hier könnt Ihr sehn,

5. Tierische Adressen

Das Gedicht von Heinz Erhardt enthält in der ersten Strophe eine merkwürdige Postanschrift. Denk dir die Adressen von diesen und von weiteren Tieren aus: Delphin, Känguru, Geier, Erdmännchen.

5 Warum die Zitronen sauer wurden

Warum die Zitronen sauer wurden

Ich muss das wirklich mal betonen:
Ganz früher waren die Zitronen
(ich weiß nur nicht genau mehr, wann dies
gewesen ist) so süß wie Kandis.

Bis sie einst sprachen: „Wir Zitronen,
wir wollen groß sein wie Melonen!
Auch finden wir das Gelb abscheulich,
wir wollen rot sein oder bläulich!"

Gott hörte oben die Beschwerden
und sagte: „Daraus kann nichts werden!
Ihr müsst so bleiben! Ich bedauer!"
Da wurden die Zitronen sauer ...

1. Reimfahndung

In diesem Gedicht gibt es zwei Verse, die mit einem „Doppelreim" enden. Finde heraus, was man darunter versteht, und benenne die Textstellen mit Doppelreim im Gedicht *(L)*.

2. Zitronenträume

Zeichne, wie die Zitronen in der zweiten Strophe des Gedichtes aussehen möchten.

3. Wortspiel

Am Schluss des Gedichtes benutzt der Autor ein Wort in doppelter Bedeutung. Erkläre, was Heinz Erhardt hier meint. Lies dazu im Reimlexikon nach, was man unter einer „Metapher" versteht *(L)*.

4. Metaphern-Meckerei

Findet mit Partnerin oder Partner weitere Metaphern, mit denen ihr eine schlechte Stimmung ausdrücken könnt. Sprecht anschließend einen kleinen „Mecker-Dialog", in den ihr eure Metaphern einbaut. So könnte er beginnen:

> A: Ich koche vor Wut!
> B: Und ich explodiere gleich!
> A: Mir ...

5 Warum die Zitronen sauer wurden

5. Zeilensprung

An einer Stelle des Gedichtes findest du ein deutliches „Enjambement". Finde mit Hilfe des Lyriklexikons heraus, was man darunter versteht, und lies anschließend die entsprechenden Verse mit dem „Enjambement" vor. Entscheide dabei, ob eine Lesepause am Versende sinnvoll ist *(L)*.

6. Vorlaute Früchtchen

Vielleicht haben auch die Tomaten, die Birnen oder die Bananen früher einmal ganz anders ausgesehen. Erkläre ihre Veränderungen, indem du einen der folgenden Gedichtanfänge fortsetzt oder einen eigenen gereimten oder ungereimten Text zu einer Obstsorte deiner Wahl schreibst:

> Weißt du, warum Tomaten
> überall im Garten,
> ringsum auf den Beeten
> neuerdings erröten?
>
> Liegt es an den...

> Ich erzähl dir, ungelogen,
> warum sich die Bananen bogen,
> im Supermarkt, gleich nebenan,
> dort fing nämlich ...

> Bin ein Spargel, schwarz und krumm!
> Find es ungerecht und dumm!
> Träume schon ein Leben lang:
> Ach wie gerne wär' ...

> Bin ein Pfläumchen,
> häng am Bäumchen
> und ich hätte furchtbar gern
> einen ....

> Johannisbeerchen wär gern schwer,
> stark wie ein Johannisbär!

6 Ritter Fips als Held

Ritter Fips als Held

Der Ritter Fips beschloss verwegen,
ein Ungeheuer zu erlegen,
das, gar nicht weit von seinem Schloss,
die Untertanen sehr verdross.
Es war viel größer als ein Bär
und zehnmal kräftiger als der.

So stieg Herr Fips denn auf den Wallach,
verabschiedete sich überall, ach,
und ritt dann voll des Ungestüms
zum Wohnsitz dieses Ungetüms.
Und da geschah's, dass kurz vorm Ziel
er aus Versehn vom Pferde fiel. –

Bald drauf, den Kiefer ausgeklinkt,
kam er per pedes heimgehinkt.
(Das Ross lief, gleich nach diesem Fall,
nach Haus und stand bereits im Stall.)

Es herrschte Jubel angesichts
des Helden – doch der sagte nichts ...

Schlussfolgerung:

Es hat nur selten der gesprochen,
der sich den Kiefer grad gebrochen.

Worterklärungen:
Ein „Wallach" ist ein kastrierter Hengst.
„Per pedes" ist lateinisch und bedeutet „zu Fuß".

---

1. Für Fips-Fans

Heinz Erhardt schrieb zahlreiche Gedichte über den Ritter Fips von Fipsenstein. Stöbere in einer Textsammlung des Autors und finde dein Lieblingsgedicht vom Ritter Fips. Lies es der Klasse vor und begründe deine Wahl.

2. Bilder vom Ungeheuer

Zeichne das Ungeheuer in seinem „Wohnsitz", wie es im Gedicht erwähnt wird.

6 Ritter Fips als Held

3. Bühne frei für Ritter Fips

Wandelt den Inhalt des Gedichtes in eine Szenenfolge um. Lasst Personen auftreten, schreibt Regieanweisungen und Dialoge. Ihr könnt diese Vorschläge zu Titel, ersten Szenen und Personen übernehmen. Spielt anschließend mit verteilten Rollen vor.

Der K(r)ampf mit dem Ungeheuer

Personen:
Anton (ein Knappe)
Fipsine (die Schwester von Ritter Fips)
Sophie (die Köchin im Schloss)
Dr. Drachenbart (Ungeheuer-Experte)
Zwei Untertanen
Ein Einsiedler

1. Szene: Die Not der Untertanen
2. Szene: Fips beschließt zu handeln
3. Szene: Die Warnungen
4. Szene: Der Abschied
5. Szene: ...

---

4. Superstar

a) In einer Strophe des Gedichtes heißt es: „Es herrschte Jubel angesichts des Helden - doch der sagte nichts ..." Schreibe dazu den Zeitungsbericht für das „Fipsenstein-Tageblatt" über die vermeintliche Heldentat des Ritters.

b) Schlüpfe in die Rolle einer TV-Reporterin/eines TV-Reporters. In der Nachrichtensendung „Neues von Fipsenstein" präsentierst du deinen Zuschauern ein Interview mit dem Ritter. Da der noch nicht selbst antworten kann, „übersetzt" seine Schwester Fipsine die gestammelten und gebrummelten Antworten des Ritters.

7 Ritter Fips und der Magere

Ritter Fips und der Magere

Es war bekannt, dass Ritter Fips
zwar Kraft besaß, doch wenig Grips,
denn fragte man ihn was beim Quiz,
nie wusste er dann, was es is'!
Da sowas peinlich ist auf Reisen,
war Dr. Hadubrand zu preisen,
der, äußerst mager von Figur,
ab nun stets mit dem Ritter fuhr.
So konnte diesem bei Turnieren,
bei geistigen, nicht viel passieren,
denn machte er sich etwas dünn,
stak Hadu mit im Panzer drin
und konnte so auf alle Fragen
die Antwort leis von hinten sagen!

Schlussfolgerung:
Man muss sich notfalls jemand mieten,
hat man an Geist selbst nichts zu bieten.

---

1. Zwei in einer Rüstung

Zeichne ein Bild, auf dem Fips und Hadubrand während eines „geistigen Turnieres" zu sehen sind.

2. Rund um den Ritter

Gestalte eine Werbeanzeige oder einen ganzen Prospekt von „Hadu", dem Versandhaus für alles, was ein Ritter wie Fips damals so gebraucht haben könnte. Hier gibt es wichtiges Zubehör für „geistige" und „körperliche" Ritterturniere und auch für die ritterliche Brautwerbung.

3. Hadubrands Hilferuf

Dr. Hadubrand hat einen sehr anstrengenden Beruf als mitreisender Ritterberater. Eines Tages schreibt er einen Brief an Ritter Fips, in dem er ihm mitteilt, wie sehr er leidet, warum er um eine Lohnerhöhung oder um eine Entlassung aus den Diensten des Ritters bittet. Schreibe diesen Brief.

7 Ritter Fips und der Magere

4. Ritterquiz

Als „Quiz" bezeichnet man ein Frage-und-Antwort-Spiel, bei dem die Antworten meist innerhalb einer vorgeschriebenen Zeit gegeben werden müssen. So etwas wird es im Mittelalter kaum gegeben haben. Stellen wir es uns trotzdem einmal vor. Beschriftet dazu 24 Fragekärtchen mit Fragen zum Thema „Mittelalter" und „Rittertum". Notiert dazu richtige und falsche Antworten. Legt Spielregeln fest und spielt das Fips-Quiz. Interessante Mittelalter-Quiz-Spiele findet ihr im Internet auf diesen Seiten:

http://www.kidsweb.de/quis/mittelalter_quiz/mittelalter_quiz.html
http://www.mittelalter.uni-tuebingen.de/spiele/quiz/quiz1.html

So kann eine Quizkarte aussehen:

Fips-Quiz

Ein berühmter Minnesänger trug den Namen:

a) Werner aus dem Meisennest
b) Walther von der Vogelweide
c) Lukas von der Möwenklippe
d) Gernot von der Schnepfenwiese

---

5. Pauline im Pullover

Ab und zu wäre es vielleicht ganz hilfreich, einen „modernen Hadubrand" bei sich zu haben. Der könnte dir in der Schule vorsagen und vielleicht auch in der Freizeit in schwierigen Situationen mit guten Ratschlägen aushelfen. Da man keine Rüstung mehr trägt, müsste Berater Paul oder Beraterin Pauline unter den Pulli schlüpfen. Schreibe eine Ich-Erzählung, in der ein aufregendes Berater-Erlebnis mit Paul oder Pauline geschildert wird.

6. Schlussfolgerung

In seiner Schlussfolgerung schreibt Heinz Erhardt: *„Man muss sich notfalls jemand mieten, hat man an Geist selbst nichts zu bieten."* Sprecht darüber, wo es in unserer Gesellschaft heutzutage überall „kluge Köpfe" gibt, die als Berater tätig sind *(L)*.

8 Ritter Fips und das Küchenpersonal

Ritter Fips und das Küchenpersonal

Des jungen Fipsen liebste Schliche,
das waren die in Richtung Küche.

Zuerst stand er am Herd und roch,
was er da Schönes kocht, der Koch;
doch galt hauptsächlich sein Intresse
nicht etwa dem, was er heut esse –
mitnichten: es galt der Mathilde,
der Antje, aber auch der Hilde,
die Teller wuschen, Silber putzten
und so der Küche trefflich nutzten.
Mit diesen Damen trieb der Sohn
des Hauses dann Konversation.

Schlussfolgerung:

Der Jugend Hang für Küchenmädchen
konnte schon Wilhelm Busch bestät'chen.

---

1. Achtung: Rechtschreibfehler!

Im fünften Vers des Gedichtes schreibt der Autor das Wort „Interesse"
so: Intresse. Finde eine Erklärung dafür, warum Heinz Erhardt hier ein
„e" weglässt *(L)*.

2. Konversation

Finde heraus, was man unter „Konversation" versteht. Schreibe
anschließend eine Konversation zwischen Fips und den Küchenmädchen. Spielt die Szene *(L)*.

3. Reime weiter!

Stellen wir uns weitere Küchenmädchen vor. Ergänze das Gedicht,
indem du nach dem 10. Vers eigene Verse einfügst. Hier findest du
weitere Namen und vielleicht auch passende Reimwörter:

> Sabine – Jacqueline – Marlene – Irene – Marie – Melanie – Möhren
> – hören – betrachten – Pudding machten – Sahneschlagen – Magen –
> Kompott – flott – Mayonnaise – Käse – Frikadelle – Isabelle

8 Ritter Fips und das Küchenpersonal

4. Wilhelm Busch

In seiner „Schlussfolgerung" erwähnt Heinz Erhardt den berühmten Dichter und Zeichner „Wilhelm Busch". Lies den folgenden Text des Autors aus der Bildergeschichte „Die fromme Helene" und erläutere, worauf Heinz Erhardt in seinem Gedicht anspielt *(L)*:

EIN TREULOSER FREUND

„O Franz!" – spricht Lene – und sie weint –
„O Franz! Du bist mein einz'ger Freund!"
„Ja!" – schwört der Franz mit mildem Hauch –
„Ich war's, ich bin's und bleib' es auch!

Nun gute Nacht! Schon tönt es zehn!
Will's Gott! Auf baldig Wiedersehn!"

Die Stiegen steigt er sanft hinunter. –
Schau, schau! Die Kathi ist noch munter.

Das freut den Franz. – Er hat nun mal
'n Hang fürs Küchenpersonal.

Der Jean, der heimlich näher schlich,
Bemerkt die Sache zorniglich.

Von großer Eifersucht erfüllt,
Hebt er die Flasche rasch und wild.

Und - Kracks! es dringt der scharfe Schlag
Bis tief in das Gedankenfach.

's aus! - der Lebensfaden bricht. –
Helene naht. – Es fällt das Licht.

(Quelle: Busch, W., Die fromme Helene; Diogenes Verlag, Zürich 2003)

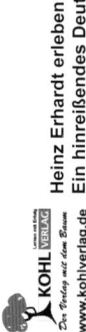

9 Der König Erl

Der König Erl
(frei nach Johann Wolfgang von Frankfurt)

Wer reitet so spät durch Wind und Nacht?
Es ist der Vater. Es ist gleich acht.

Im Arm den Knaben er wohl hält,
er hält ihn warm, denn er ist erkält.

Halb drei, halb fünf. Es wird schon hell.
Noch immer reitet der Vater schnell.

Erreicht den Hof mit Müh und Not –
Der Knabe lebt, das Pferd ist tot!

Information: Bei diesem Gedicht handelt es sich um eine Parodie. Darunter versteht man in der Literatur ein Werk (hier: ein Gedicht), das ein anderes, allgemein bekanntes Werk (das „Original") nachahmt und dabei verändert. Die Parodie klingt oft komisch, weil der Leser das Original kennt und die Unterschiede zum Original erfasst.

1. Parodie

Vergleiche die Parodie von Heinz Erhardt mit dem Original von Johann W. v. Goethe (auf dem nächsten Arbeitsblatt) und notiere in der Checkliste, was Erhardt verändert hat. Stelle deine Ergebnisse anschließend vor *(L)*.

Die Parodien-Checkliste	
Die Parodie zeigt:	Bitte hier ankreuzen!
- eine neue Überschrift	
- Wortverdrehungen/ Wortvertauschungen	
- ganz andere Personen	
- weitere, neue Personen	
- weniger Personen	
- Verzicht auf wörtliche Rede (Dialoge)	
- andere Zeitangaben	
- eine ganz und gar andere Handlung	
- eine veränderte Handlung	
- Kürzung	
- Verlängerung	
- einen anderen Schluss	

9 Der König Erl

Der Erlkönig
(Johann Wolfgang von Goethe)

Wer reitet so spät durch Nacht und Wind?
Es ist der Vater mit seinem Kind;
Er hat den Knaben wohl in dem Arm,
Er fasst ihn sicher, er hält ihn warm. –

Mein Sohn, was birgst du so bang dein Gesicht? –
Siehst Vater, du den Erlkönig nicht?
Den Erlenkönig mit Kron und Schweif? –
Mein Sohn, es ist ein Nebelstreif. –

„Du liebes Kind, komm, geh mit mir!
Gar schöne Spiele spiel ich mit dir;
Manch bunte Blumen sind an dem Strand,
Meine Mutter hat manch gülden Gewand."

Mein Vater, mein Vater, und hörest du nicht,
Was Erlenkönig mir leise verspricht? –
Sei ruhig, bleibe ruhig, mein Kind;
In dürren Blättern säuselt der Wind. –

„Willst, feiner Knabe, du mit mir gehn?
Meine Töchter sollen dich warten schön;
Meine Töchter führen den nächtlichen Reihn
Und wiegen und tanzen und singen dich ein."

Mein Vater, mein Vater, und siehst du nicht dort
Erlkönigs Töchter am düstern Ort? –
Mein Sohn, mein Sohn, ich seh es genau:
Es scheinen die alten Weiden so grau. –

„Ich liebe dich, mich reizt deine schöne Gestalt;
Und bist du nicht willig, so brauch ich Gewalt." –
Mein Vater, mein Vater, jetzt fasst er mich an!
Erlkönig hat mir ein Leids getan! –

Dem Vater grauset's, er reitet geschwind,
Er hält in den Armen das ächzende Kind,
Erreicht den Hof mit Mühe und Not;
In seinen Armen das Kind war tot.

(Quelle: Goethe, J.W., Sämtliche Gedichte in einem Band; Insel Verlag, Frankfurt a.M. 2007)

2. Jede Menge Parodien

a) Recherchiere im Internet weitere Parodien auf Goethes Erlkönig-Gedicht. Wähle die aus, die dir am besten gefällt, und stelle sie der Klasse vor.

b) Schreibe selbst die ersten beiden Zeilen einer Erlkönig-Parodie. Benutze einen eigenen Anfang oder einen der folgenden Verse:

> Wer kurvt dort so spät mit dem Mountainbike?
> Es ist ...

> Wer rast auf dem Trecker übers Feld?
> Es ist ...

> Wer düst durch die Nacht im Cabrio?
> Es ist ...

3. Ballade

Unter einer Ballade versteht man ein Gedicht, das ähnlich wie eine kleine Theaterszene auch Dialoge enthält, Spannung aufbaut und dabei eine Geschichte erzählt.

Finde heraus, bei welchem der beiden Gedichte es sich um eine Ballade handelt. Begründe deine Entscheidung *(L)*.

10 Ein Pianist spielt Liszt

Ein Pianist spielt Liszt

O eminenter Tastenhengst,
der du der Töne Schlachten lenkst
und sie mit jeder Hand für sich
zum Siege führst, dich preise ich!

Du bist ein gottgesandter Streiter,
ein Heros, ein Akkordarbeiter.
Im Schweiße deiner flinken Finger
drückst du auf jene langen Dinger,
die man gewöhnlich Tasten nennt,
und die, grad wie beim Schach, getrennt
in Schwarz und Weiß ihr Dasein fristen,
als Requisit des Pianisten.
Doch nicht nur deiner Finger Schwielen
brauchst du zum Greifen und zum Spielen,
nein, was man meistens gar nicht glaubt:
du brauchst dazu sogar dein Haupt!
Mal fällt's, als ob du schlafen musst,
auf deine stark erregte Brust,
mal fällt's mit furchtbar irrem Blick,
so weit es irgend geht, zurück,
und kommst du gänzlich in Ekstase,
hängt dir ein Tropfen an der Nase.
Und hast du endlich ausgerast,
sagt sich der Hörer: Liszt – not last!

O eminenter Tastenhengst,
der du der Töne Schlachten lenkst
und sie mit jeder Hand für sich
zum Siege führst, dich preise ich!
Und jeder Hörer merkt alsbald:
du siegst mit Liszt, nicht mit Gewalt!

Worterklärungen

eminent: wichtig
Requisit: Hilfsmittel

---

1. Soundtrack

Wähle einen Musiktitel aus, der zu diesem Gedicht passt. Trage das Gedicht vor. Lege zwischen den Strophen Sprechpausen ein, in denen du den Musiktitel jeweils anspielst.

10 Ein Pianist spielt Liszt

2. Wortspiel

Heinz Erhardt „spielt" in seinem Gedicht mit dem Wort „Liszt/Least/List." Finde mit Hilfe von Lexika oder Internet heraus, was diese Wörter jeweils bedeuten. Notiere deine Ergebnisse und erkläre anschließend, welche doppelte Bedeutung das Wort „Liszt" im letzten Vers hat *(L)*.

3. Pianist

Der Autor charakterisiert den Pianisten in diesem Gedicht mit vier weiteren Bezeichnungen. Unterstreiche sie im Text und erläutere, was er damit ausdrücken möchte *(L)*.

4. Werkzeuge

Finde heraus, welche weiteren „Werkzeuge" der Pianist in diesem Gedicht benutzt *(L)*.

5. Was für ein Künstler!

Beschreibe, welche Einstellung der Sprecher des Gedichtes gegenüber dem Pianisten hat. Doch Vorsicht! Hier könnte Ironie im Spiel sein *(L)*!

6. Karikatur

Eine Karikatur *(Verb: karikieren)* ist die komisch übertriebene Darstellung der Merkmale und Eigenschaften von Personen oder Dingen. Finde heraus, welche „Merkmale und Eigenschaften" eines Musikers Heinz Erhardt in diesem Gedicht karikiert *(L)*.

7. Ohrenbetäubend!

Schreibe einen Text nach dem Muster des Gedichtes von Heinz Erhardt über einen Musiker oder eine Musikerin. Du kannst dabei verschiedene Musikrichtungen karikieren. In deinem Text müssen keine Reime vorkommen. Hier ein paar Vorschläge:

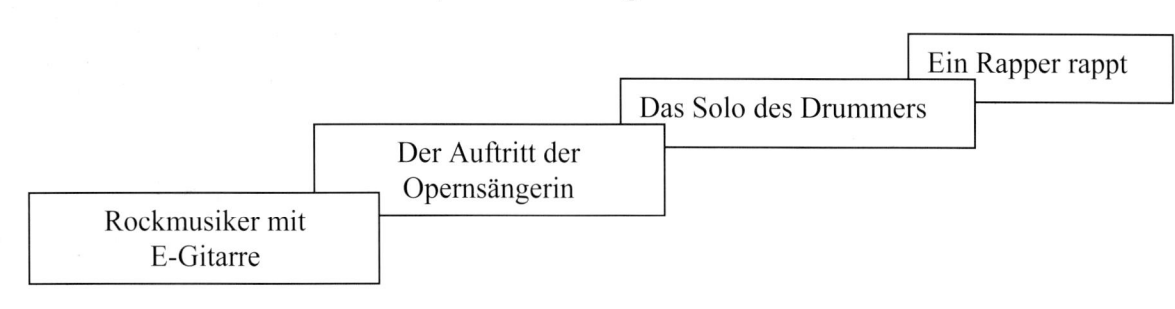

- Ein Rapper rappt
- Das Solo des Drummers
- Der Auftritt der Opernsängerin
- Rockmusiker mit E-Gitarre

Seite 32

11 Der alte Wolf

Der alte Wolf
Auch 'n Märchen

Der Wolf, verkalkt und schon fast blind,
traf eine junge Dame:
„Bist du nicht Rotkäppchen, mein Kind?"
Da sprach die Dame: Herr, sie sind --- *
Schneewittchen ist mein Name!"

Schneewittchen? Ach, dann bist du die
mit diesen 7 Raben?"
Sie antwortete: "Lassen Sie
sich lieber gleich begraben!
Mit 7 Zwergen hatt' ich mal
zu tun – das waren nette ... !"
„Ach ja! Du durftest nicht zum Ball,
und Erbsen waren nicht dein Fall,
besonders nicht im Bette ... !"

Da lachte sie hell ha-ha-ha,
dann: „Darf ich Sie was fragen?
Sie fraßen doch die Großmama,
wie hab'n Sie die vertragen?"

„Das ist nicht wahr, dass ich sie fraß,
ich krümmte ihr kein Härchen!
Die Brüder Grimm, die schrieben das
für kleine Kinderchen zum Spaß –
Das sind doch alles Märchen ... !

* ----wohl blöd?" wollte sie sagen. Aber so etwas denkt eine Dame nur!

1. Bühne frei für den alten Wolf

Spielt die Begegnung zwischen Schneewittchen und dem alten Wolf. Sprecht dazu das Gedicht mit verteilten Rollen (Erzählerin, alter Wolf, Schneewittchen).

11 Der alte Wolf

2. Märchenrätsel

Finde heraus, welche verschiedenen Märchen im Gedicht erwähnt werden. Beziehe die handelnden Figuren ein. Entscheide, ob es sich beim alten Wolf um einen Märchenkenner handelt *(L)*.

3. Alter Wolf trifft Hans im Glück

Schreibe einen Text nach dem Muster des Gedichtes. Nun trifft der alte Wolf die Märchenfigur „Hans im Glück". Natürlich kommt es wieder einmal zu vielen Verwechslungen. Du kannst hier auf Reime verzichten. Achte darauf, dass ein Gespräch entsteht, das anschließend mit verteilten Rollen vorgetragen wird.

4. Gut gereimt

Du kannst das Reimschema, so nennt man die besondere Reimfolge eines Gedichtes, mit Hilfe von Buchstaben hinter den einzelnen Versen markieren. Sich reimende Verse werden mit dem gleichen Buchstaben gekennzeichnet. Im Lyriklexikon findest du weitere Hinweise. Notiere Buchstaben hinter den Versen und finde heraus, wie die Reime in diesem Gedicht beschaffen sind *(L)*.

5. Märchenprozess

Nehmen wir an, der Wolf steht wegen seiner Taten im Märchen „Rotkäppchen" vor Gericht. Wie ihr in der letzten Strophe lest, streitet er alles ab und beteuert, der Großmama kein Härchen gekrümmt zu haben. Helft dabei, die Wahrheit herauszufinden, indem ihr eine Gerichtsverhandlung mit diesen und vielleicht mit weiteren Beteiligten in kleinen Gruppen vorbereitet und anschließend spielt:

Der Wolf (Angeklagter)
Ein Verteidiger
Ein Staatsanwältin (als Anklägerin)
Eine Richterin
Verschiedene Zeuginnen und Zeugen, darunter Rotkäppchen, ein Jäger, die Großmutter
Beweisstücke: Großmamas Nachthemd, Rotkäppchens Körbchen

12 Ganz zuletzt

Ganz zuletzt

O wär ich
der Kästner Erich!
Auch wäre ich gern
Christian Morgenstern!
Und hätte ich nur einen Satz
vom Ringelnatz!
Doch nichts davon! – Zu aller Not
hab ich auch nichts von Busch und Roth!
Drum bleib ich, wenn es mir auch schwer ward,
nur der Heinz Erhardt ...

---

1. Vorbilder

Sammle Informationen zu den Autoren, die Heinz Erhardt in diesem Gedicht nennt. Mit „Roth" ist übrigens der Schriftsteller Eugen Roth gemeint. Lies einige ihrer Gedichte und finde heraus, warum Heinz Erhardt diese Autoren bewundert haben könnte **(L)**.

2. Meinungen

Nimm zu diesen Meinungen Stellung, nachdem du gründlich recherchiert hast.

> Ringelnatz hat mit seinen Gedichten zu Lebzeiten bereits ein Vermögen verdient!
> — Klara

> Alle Autoren haben ähnlich humorvolle Gedichte wie Heinz Erhardt geschrieben.
> — Marie

> Erich Kästner hat im Gegensatz zu Heinz Erhardt nur ernste Texte geschrieben.
> — Tim

> Alle Autoren, die Heinz Erhardt erwähnt, werden heutzutage noch gern gelesen.
> — Serkan

3. Ein Brief an den Autor

Stell dir vor, du könntest Heinz Erhardt einen Brief schreiben. Teile ihm darin deine Meinung zu den Wünschen, die er hier formuliert, wie auch zu seinen Gedichten insgesamt mit.

III. Weitere Arbeitsaufträge

Die folgenden Arbeitsaufträge solltest du mit Blick auf alle Heinz Erhardt-Gedichte erledigen, die du in dieser Sammlung findest. Daneben kannst du weitere Gedichte des Autors heranziehen.

1. Vers-Casting

Wähle die „Top 3" der interessantesten, lustigsten, merkwürdigsten Verse aus den Gedichten des Autors aus. Schreibe sie anschließend aufs „Siegertreppchen".

*Finde in einem Heinz Erhardt Gedicht,
einen Vers, der mit dir spricht:
weil er lacht,
Unsinn macht,
weil er sonderbar klingt,
weil er spielt, weil er singt,
oder weil er dir sofort ins Auge springt!*

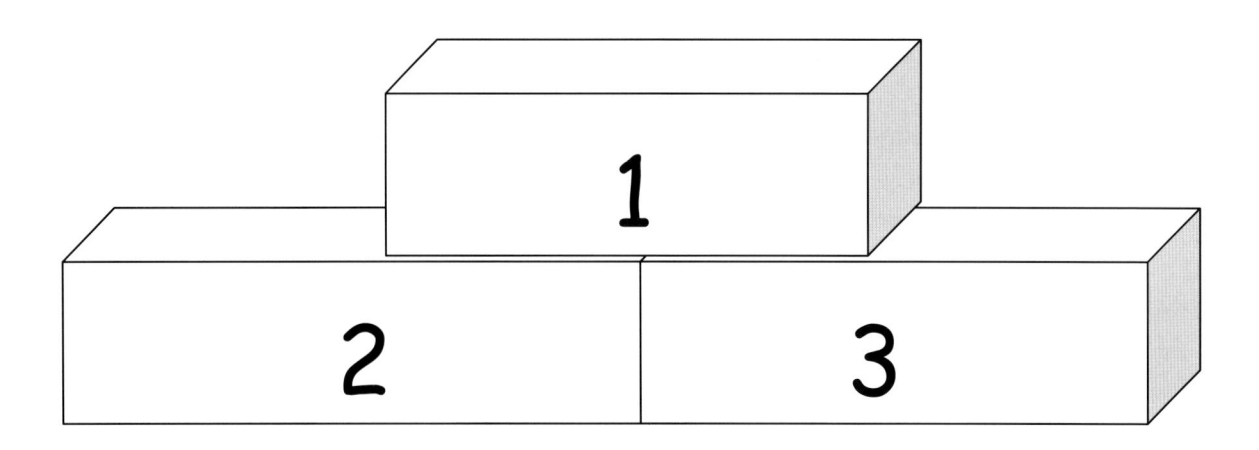

2. Wörter ersetzen

Dies ist ein Ratespiel: Streiche in einem Gedicht von Heinz Erhardt drei Wörter und ersetze sie durch Wörter von dir. Das sollte so unauffällig geschehen, dass niemand die Veränderungen entdeckt. Lest euch nun die so entstandenen Gedichte gegenseitig vor und findet die Stellen, an denen ein Eingriff vorgenommen wurde. Damit es nicht zu schwierig für deine Partner wird: ersetze nur Nomen, Verben oder Adjektive.

III. Weitere Arbeitsaufträge

3. Undichte Gedichte

Stell dir vor, die folgenden Dinge seien aus Gedichten von Heinz Erhardt herausgefallen. Finde heraus, was zu welchem Gedicht gehört. Dazu musst du die Gedichte noch einmal gründlich lesen, denn oft werden der gesuchte Gegenstand, das Tier oder die Frucht im Gedicht nur indirekt erwähnt *(L)*.

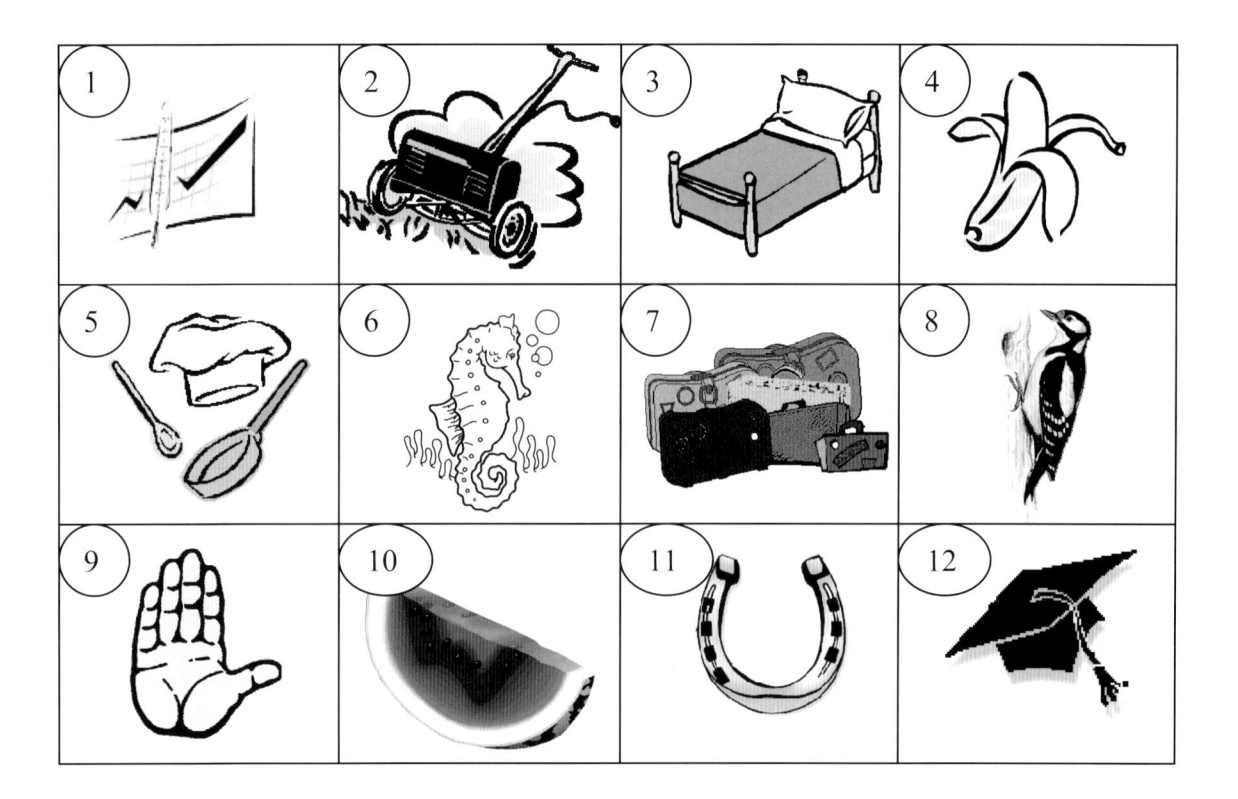

4. Ausstellung

Findet selbst weitere Gegenstände, die aus den Gedichten von Heinz Erhardt herausgefallen sein könnten. Beschafft diese Dinge und gestaltet mit ihnen eine Ausstellung und ein Quiz „Undichte Gedichte": In einem Schaukasten im Schulgebäude werden die Gegenstände präsentiert. An der Wand sind die Gedichte zu lesen. Wer mitspielen möchte, muss Texte und Gegenstände einander korrekt zuordnen. Selbstverständlich winken dabei auch kleine Preise.

III. Weitere Arbeitsaufträge

5. Lyrik-Ticket

Stell dir vor, es gäbe ein Ticket, mit dem du in ein Gedicht reisen könntest. Dort würdest du auf die Umgebung und auf die Personen treffen, die der Autor schildert. Du darfst drei der folgenden Karten für deine Reise einlösen und benutzen. Stelle der Klasse anschließend deine Reiseerlebnisse in Bild, Text und vielleicht auch Tonaufnahmen vor.

Dialogkarte
Du darfst mit den Personen, die dir im Gedicht begegnen, sprechen.

Photokarte
Du darfst auf deiner Reise Bilder machen.

Verwandlungskarte
Du darfst dich in eine Figur deiner Wahl verwandeln.

Mikrophonkarte
Du darfst während deiner Reise eine Tonaufnahme machen.

Souvenirkarte
Du darfst Reiseandenken mitbringen.

Unsichtbarkeitskarte
Du darfst dich unsichtbar machen.

Gruppenkarte
Du darfst mit einem Partner oder in einer Gruppe reisen.

6. Präsentation

Die Reiseerlebnisse der gesamten Klasse können anschließend in einer Ausstellung präsentiert werden. Hier werden Reisebilder und Souvenirs neben Texten und Tonaufnahmen präsentiert.

IV. Kleines Lyrik-Lexikon

A

Anapäst: Dieser Takt beginnt mit zwei unbetonten Silben, denen eine betonte Silbe folgt.
Beispiel:
_ _ / _ _ /
Wenn die Schule beginnt,
_ _ / _ _ /
ja, dann lacht jedes Kind.

B

Ballade: eine kleines Theaterstück in Form eines Gedichtes. Es ist voller Ereignisse, die man in einzelne Szenen – Strophen – unterteilen kann. Fast immer kommt wörtliche Rede vor. Balladen handeln von heldenhaften Taten, von Schicksalen und Naturereignissen.

Bänkellied: ein Lied, das in früheren Jahrhunderten von Bänkelsängern, die von Ort zu Ort zogen, vorgetragen wurde. Es wurde meist auf Jahrmärkten auf einer Bank („Bänkel") gesungen und handelte von Räuber- oder Schauergeschichten. Auf Tafeln wurden dazu Bilder gezeigt.

Betonungszeichen: betonte Silben werden damit so gekennzeichnet: /
unbetonte Silben bekommen dieses Zeichen: –

Bild: Wie der Maler mit dem Pinsel malt, so kann ein Autor mit Worten „malen", indem er Vergleiche, Metaphern, anschauliche Verben und Adjektive benutzt. So entsteht insgesamt ein sprachliches Bild.
   Beispiel: *Das Meer tobt (Metapher) wie ein wilder, wütender Stier (Vergleich).*

D

Daktylus: Dieser Takt beginnt mit einer betonten Silbe, der zwei unbetonten Silben folgen.

Beispiel:
/ _ _ / _ _
Melanie, Melanie,
/ _ _ / _ _
keine ist schön wie sie!

Dialog: ein Gespräch zwischen zwei oder mehreren Personen in wörtlicher Rede

E

Enjambement: Das ist eine Aussage, die über das Ende eines Verses hinaus geht. Man bezeichnet es auch als Zeilensprung, da die Aussage in die nächste Zeile springt.
   Beispiel:

Zersäge dein Bett bitte
nur bis zur Mitte,
da die Stabilität
sonst flöten geht.

IV. Kleines Lyrik-Lexikon

Ellipse: So nennt man einen grammatisch unvollständigen Satz. Man lässt im Gedicht Worte aus, weil sie nicht in den Vers passen. Beispiel:

*Mathe erledigt, Heft verstaut,
über Nacht anscheinend geklaut.
Ich nehme an, ein Dealerring
hatte Interesse an dem Ding.
Jetzt vertickt er's in Gebieten
mit zahlungskräftigen Mathenieten.
Die pinnen ab und profitieren
von meiner Kunst beim Subtrahieren.
Herr Buck, tut mir Leid,
bin wohl zu gescheit.*

Vollständig müsste es heißen: *Ich habe* Mathe erledigt, *das* Heft verstaut, *es wurde* über Nacht anscheinend geklaut.
Herr Buck, *es* tut mir Leid,
ich bin wohl zu gescheit.

I

Interview: So nennt man ein Gespräch, in dem jemand befragt wird. Zeichne ein Interview mit Audiorecorder/Videokamera auf oder notiere die Antworten mit Stift und Block. Du solltest dir die Fragen vorher genau überlegen und aufschreiben. Bevor du ein Interview in einer Schülerzeitung veröffentlichst, solltest du das Einverständnis des Interviewpartners einholen.

J

Jambus: Dieser Takt beginnt mit einer unbetonten Silbe, der eine betonte Silbe folgt. Beispiel:

_ / _ / _ / _ /
Der Lehrer teilt, oh Schreck, oh Graus,
_ / _ / _ / _ /
die Klassenarbeitshefte aus.

M

Metapher: Ein besonders anschaulicher Ausdruck. Beispiel: Der Reporter sagt: *„Die Gäste igeln sich in der eigenen Hälfte ein."* Das ist eine *Metapher*, denn er meint natürlich nicht, dass sie Stacheln aufstellen und sich zusammen krümmen. Er benutzt einfach das anschauliche Wort *einigeln* um deutlich zu machen, wie sehr sich die Spieler zurückziehen und verteidigen.

Metrum: es bedeutet Maß und zeigt dir, wie ein Text betont wird. Du machst das Metrum deutlich, indem du Betonungszeichen über betonte (/) und unbetonte (-) Silben setzt. Beispiel:

_ / _ / _ / _ /
Wer kommt denn da zur Tür herein?
_ / _ / _ / _ /
es wird wohl unser Lehrer sein.

IV. Kleines Lyrik-Lexikon

P

Pantomime: die Darstellung einer Handlung ohne Worte

Personifizieren: Tiere, Pflanzen oder Dinge bekommen menschliche Eigenschaften oder Verhaltensweisen. So wird ein Text anschaulich und lebendig: „Die Sonne lacht." (Hier wird ‚die Sonne' *personifiziert*. Bedeutung: Sonnenschein.)

R

Reim: Zwei Wörter reimen sich, wenn der letzte betonte Vokal und das, was folgt, gleich klingen. Beispiel: R**üssel**, Sch**üssel** - Gesp**enster**, F**enster**

Reimschema: Du kannst mit Hilfe von Buchstaben deutlich machen, wie die Reime in einem Gedicht aufeinander folgen. Wir unterscheiden:

Paarreim

In die Schule
geht die Jule,
doch der Klaus
bleibt zu Haus.

a
a
b
b

Wechselreim oder Kreuzreim

Ich soll verknallt sein in Stella, die Zicke,
das unangesagteste Girl aus der A?
Die hängt doch nur ab mit der Schminkspiegel-Clique,
fühlt sich wie Madonna, sprüht Glitzer ins Haar.

a
b
a
b

Umarmender oder umschließender Reim

Lies, was ich dir schreibe,
geliebte Melanie:
Verlass mich bitte nie!
Bitte, bitte bleibe!

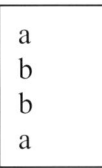

a
b
b
a

S

Strophe: Textabsatz in einem Gedicht oder Lied

Strophenbau: die Gestalt einer Strophe, die Anzahl der Verse, der Strophenschluss (manche Strophen enden mit einem Refrain, also mit wiederkehrenden Zeilen) und die Verslänge (es gibt Langzeilen – etwa in Balladen – oder sehr knappe Verse, die nur aus einem Wort bestehen).

IV. Kleines Lyrik-Lexikon

Szene: ein Theaterstück besteht oft aus mehreren Szenen. Meist beginnt eine neue Szene, wenn die Personen oder der Ort der Handlung wechseln.

Silbe: der kleinste klingende Teil eines Wortes. Beispiel: Scho-ko-la-de (4 Silben). In Wörtern und Sätzen unterscheidet man *betonte* und *unbetonte Silben*. Betonen heißt dabei, die Stimme heben, lauter sprechen. Man schreibt dieses Zeichen / über die Silbe. Für unbetont schreibt man dieses Zeichen _ .
Beispiel: / _ _   _ _ /
                Feu er wehr   In ter nat

Sprachbild: Man kann mit Wörtern „malen", sodass ein *Sprachbild* entsteht. Dabei helfen *Vergleiche* (Seine Augen leuchten wie Sterne.), *Metaphern und Personifizierungen* (Der Wind quält die Bäume.).

T

Takt: In der Musik kannst du den Takt klopfen oder klatschen. Das ist auch bei vielen Gedichten möglich. Die Dauer zwischen zwei „Klopfern" – zwischen zwei Betonungen – nennt man *Takt*.

Taktarten: Wir unterscheiden die Takte danach, wie die Betonungen aufeinander folgen. So gibt es den

     _ /   / _   / _ _   _ _ /
Jambus: Marie   Trochäus: Anton   Daktylus: mangelhaft   Anapäst: Polizei

Trochäus: Eine *Taktart*, bei der eine unbetonte Silbe einer betonten Silbe folgt.
Beispiel:
 / _ / _ / _ / _
manchmal macht mir Theo Sorgen.

V

Vers: Zeile im Gedicht

Versmaß: Es wird auch als Metrum bezeichnet.

V. Die Lösungen

Eine Lebensgeschichte

2. Der Satz „*Ich bin beim kleinen schlitt geblieben, weil es sich ja hier um Kinder handelt.*" ist ganz und gar unlogisch, denn die Schreibweise eines Wortes hängt nicht von dessen Bedeutung ab. Auch der Satz „*Ich selbst konnte mich an diesem fröhlichen Treiben nicht beteiligen, weil ich noch nicht geboren war.*" signalisiert, dass hier ein humorvoller Mensch schreibt. Auch der komische Titel seiner Lebensgeschichte mit dem Gegensatzpaar „frühentwickelt" und „Spätausgabe" macht deutlich, dass Heinz Erhardt viele Dinge nicht ganz ernst meint. Schließlich schreibt er doppeldeutig und humorvoll: „*Die Fahrstühle in Riga fuhren seinerzeit glücklicherweise sehr langsam.*"

1 Die Made

1. Die Gesten, Requisiten und Geräusche passen zu diesen Gedichtzeilen: ein mütterlich liebevolles Streicheln (Z. 2); ein Taschentuch (Z.3-6); ein erhobener Zeigefinger (Z.11-12); ein erwartungsvolles Händereiben (Z.14); ein Umherblicken, ob „die Luft rein ist" (Z.14); ein heimliches Davonschleichen (Z.14-15); ein verzweifelter Ruf (Nach dem Vortrag des Gedichtes).

3. a) Damit spielt er auf die ersten Zeilen des Gedichtes an. Das Unglück am Schluss steht im Kontrast zum anfänglichen Glück. Auch könnte nun ein neues Madenabenteuer beginnen.

4. a) Binnenreime finden sich in den Versen 4 (hatte, Blatte), 6 (-meise, Speise), und 10 (hol, wohl). Haufenreime liehen hier vor: Verse 9,10: hol, wohl, kohl; Verse 18,19,20,21: fade, Made, Gnade, Schade.
   b) Klara und Marie erkennen die besondere Wirkung der Reimformen.

5. a) „Madenkinder" gibt es – biologisch betrachtet – nicht: Als Maden werden die aus den Eiern geschlüpften Larven verschiedener Fliegenarten bezeichnet. Man findet die weißen, beinlosen, wurmförmigen Maden vor allem in Abfällen. Aus dem Maden geht dann wieder eine neue Generation Fliegen hervor.

2 Fußball

2. Hier kommentiert jemand ein Fußballspiel, der durchaus etwas vom Fußball versteht, sich hier jedoch dumm stellt. Das wird in der dritten Strophe deutlich, wenn der Sprecher die schlechte Qualität vieler Fußballspiele beklagt.

5. Drei Wörter, die im Gedicht eine große Rolle spielen, sind Homonyme, werden also jeweils in doppelter Bedeutung benutzt. So bezeichnet „Rasen" den Untergrund, auf dem gespielt wird, außerdem die Laufbewegung der Spieler. Das Wort „Tor" bezeichnet sowohl einen einfältigen Menschen als auch das Gestell auf dem Fußballplatz. Mit „Kopf" ist einerseits die geistige Fähigkeit eines Spielers gemeint, aber auch das Körperteil, mit dem Kopfbälle gespielt werden. Indem Heinz Erhardt diese Wörter benutzt, verleiht er dem Gedicht eine komische Wirkung.

6. Bei diesem Spiel geht es darum, Homonyme zu erraten, indem die beiden Bedeutungen eines Begriffes gefunden werden.

7. Auch im Sketch „Auf der Rennbahn" wird Komik erzeugt, indem ein vermeintlich ahnungsloser Zuschauer eine Sportart kommentiert – hier: Pferderennen – und dabei die Fachbegriffe und die Aussagen des Experten verdreht, hinterfragt, ihre Doppeldeutigkeit entlarvt und sie mit Alltagsbedeutungen versieht.

3 Überlistet

1. b) Der Winter erinnert hier an einen Weihnachtsmann: Ein alter Mann mit Bart und Kapuzenmantel. Er ist scheinbar nirgendwo willkommen, dringt bei den Armen ein, wird argwöhnisch beäugt, ist schließlich allein auf der Straße zu sehen.

V. Die Lösungen

3. Zunächst werden die „Blätter" wie lebendige Wesen betrachtet, die aktiv werden und „von den Bäumen stürzen." „Amsel, Drossel, Fink und Meisen" werden wie Reisende betrachtet, denn sie packen ihre Koffer. Schließlich wird der Winter zu einer Person, die vor der Tür steht und friert. Die Personifikationen machen das Gedicht lebendiger, „dramatischer", denn das Geschehen erscheint nun nicht mehr wie ein Naturvorgang, sondern wie eine menschliche Alltagssituation mit Abschiednehmen und Aussperren.

4. a) Ein Possenspiel ist eine Spielszene oder ein Bühnenstück, das durch Verwechslungen und Übertreibungen komisch wirkt. Hier bezeichnet das Wort einen Streich, der jemanden veralbert.

4 Ein Brief aus Hagenbeck

1. Schimpi, der Schimpanse aus dem Zoo von Hagenbeck, schreibt einen Brief an Frau Coco, seine Mutter, im Urwald von Afrika. Schimpi erzählt, wie er in den Zoo gekommen ist und wie es ihm dort geht. Dabei werden positive (gutes Futter) und negative Eindrücke (Raubtiere, Menschen) geschildert.

5 Warum die Zitronen sauer wurden

1. Doppelreime ergeben sich, wenn sich in zwei Versen jeweils zwei Reimpaare (hier: Silben) aufeinander reimen. Das ist hier im 3. und 4. Vers der Fall: „wann dies" – „Kandis".

3. Man kann „sauer werden" im wörtlichen Sinn verstehen und damit den sauren Geschmack der Zitronen bezeichnen. Man kann es auch im übertragenen Sinn als Metapher verstehen, dann heißt es, „eine schlechte Laune bekommen, verärgert sein".

5. Das Enjambement liegt in diesen Versen vor, die man am besten ohne Pause spricht: „Ich weiß nur nicht genau mehr, wann dies / gewesen ist..."

7 Ritter Fips und der Magere

6. In der Politik wie auch in vielen Branchen der Wirtschaft gibt es heutzutage „Berater."

8 Ritter Fips und das Küchenpersonal

1. Der Autor streicht hier das „e" im Wort Interesse, damit das Versmaß mit den anderen Versen übereinstimmt und gut klingt. Jeder Vers hat so exakt 9 Silben.

2. Eine Konversation ist eine Plauderei, eine Unterhaltung.

4. Auch in der „frommen Helene" von Wilhelm Busch flirtet jemand (Franz) mit einem Küchenmädchen.

9 Der König Erl

1. Die Parodie zeigt: eine neue Überschrift; Wortverdrehung/Wortvertauschung (König Erl statt Erlkönig); weniger Personen (der Erlkönig selbst kommt nicht darin vor); Verzicht auf wörtliche Rede; andere Zeitangaben („gleich acht", „halb drei, halb fünf"); eine veränderte Handlung (der Sohn hat hier keine Fantasien); Kürzung (das Gedicht hat nur 8 Verse, Goethes Vorlage hat 32 Verse); einen anderen Schluss (das Pferd stirbt, nicht der Sohn)

V. Die Lösungen

3. Goethes Gedicht ist eine Ballade, da es wie eine kleine Theaterszene auch Dialoge enthält, Spannung aufbaut und dabei eine Geschichte erzählt. Heinz Erhardt verzichtet in seinem Gedicht dagegen auf Dialoge (wörtliche Rede).

10 Ein Pianist spielt Liszt

2. Heinz Erhardt spielt mit den drei Bedeutungen des Wortes:
   a) Eine List ist eine geschickte Täuschung
   b) Franz Liszt (1811-1886) war ein berühmter Musiker (Pianist, Komponist)
   c) Eine Redensart (aus dem Englischen) lautet „Last not least". Das bedeutet „nicht zu vergessen" oder „und nicht zuletzt".

3. Der Pianist wird bezeichnet als „Tastenhengst" (damit spielt Heinz Erhardt wohl auf dessen wildes Temperament an), als jemand, der „der Töne Schlachten lenkt" (eine kriegerische Formulierung/Metapher, die das Klavierspielen mit einer Schlacht vergleicht). Er wird außerdem bezeichnet als „gottgesandter Streiter" (wieder eine Anspielung auf das Klavierspielen als Kampf), schließlich als Akkordarbeiter (im doppelten Wortsinn: Akkord als musikalischer Begriff für Einzeltöne, die harmonisch zusammen fügen, und als Bezeichnung für eine Form der Lohnarbeit).

4. Der Pianist setzt neben Händen, Fingern und Schwielen auch sein Haupt zum Spielen ein.

5. Aus den Versen spricht zunächst große Bewunderung („O eminenter.."), die allerdings so überzeichnet wird („gottgesandter", „dich preise ich"), dass deutlich wird, wie sehr sich der Sprecher über den Pianisten lustig macht.

6. Erhardt verspottet vor allem dessen Pathos (die feierlich übertriebene Spielweise, das recht vorgetäuschte Ergriffensein beim Auftritt).

11 Der alte Wolf

2. Diese Märchen der Brüder Grimm werden angesprochen: Rotkäppchen; Schneewittchen; Die sieben Raben; Schneewittchen und die sieben Zwerge; Aschenputtel. Dazu wird „Die Prinzessin auf der Erbse" von H.Ch. Andersen erwähnt.

4. Das Reimschema folgt in der ersten Strophe diesem Muster: a,b,a,a,b. In der zweiten Strophe lautet es: c,d,c,d,e,f,f,e. Weitergeht es in Strophe drei mit: g,h,g,h. In der letzten Strophe wird so gereimt: i,k,i,i,k. Es liegen also umarmende Reime (Strophen 1,2 und 4), Wechselreime (Strophen 2 und 3) und Haufenreime (Strophen 2 und 4) vor.

12 Ganz zuletzt

1. Es handelt sich um Erich Kästner (1899-1974), Christian Morgenstern (1871-1914), Joachim Ringelnatz (1883-1934) und Eugen Roth (1895-1976). Diese vier Autoren haben alle auch sehr humorvolle Gedichte geschrieben. Jeder von ihnen war ein Meister seines Faches: Kästner schrieb Gedichte mit sozialkritischer Tönung, Ringelnatz konnte auf liebevoll poetische Weise Gegenstände und Tiere zu Wort kommen lassen, Morgenstern war für seine sprachliche Experimentierfreude bekannt, Eugen Roth schließlich nahm sich in seinen Gedichten voller Ironie der menschlichen Schwächen an.

V. Die Lösungen

<u>Weitere Arbeitsaufträge</u>

3.	Fieberkurve und Thermometer (1) gehören zu „Der König Erl", der Rasenmäher (2) spielt auf den Fußballplatz, also auf das Gedicht „Fußball" an, das Bett (3) auf die „Prinzessin auf der Erbse" im Gedicht „Der alte Wolf." Die Banane (4) gehört zu „Ein Brief aus Hagenbeck", die Küchenrequisiten (5) passen zu „Ritter Fips und das Küchenpersonal"; das Seepferdchen (6) als Markenzeichen von Joachim Ringelnatz spielt auf das Gedicht „Ganz zuletzt" an. Die Koffer (7) gehört zu „Überlistet", der Buntspecht (8) passt zur „Made", die Hand (9) zu „Ein Pianist spielt Liszt." Die Melone (10) ist aus dem Gedicht „Warum die Zitronen sauer wurden" gefallen, das Hufeisen (11) aus „Ritter Fips als Held", der Doktorhut (12) gehört als Anspielung auf Dr. Hadubrand zu „Ritter Fips und der Magere."

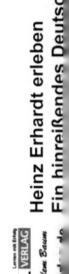

Literaturunterricht

Heinz Erhardt erleben
Ein hinreißendes Deutschprojekt für 8- bis 14-Jährige

BESTSELLER

Am 20. Juni wäre der berühmte Humorist, Schauspieler und Verskünstler 100 Jahre alt geworden. Für den Autor Hans-Peter Tiemann ein wunderbarer Anlass, einige seiner besten Gedichte für die Schule zu erschließen: Mit „Ritter Fips" und der „Made" erleben Kinder und Jugendliche einen originellen Deutschunterricht, lassen sich von der hinreißenden Komik und Kunstfertigkeit des Autors anstecken, erarbeiten Lyrik produktiv, indem sie eigene Texte und Szenen gestalten. „Ganz nebenbei" wird eine Portion Verslehre vermittelt.

Die besten Zutaten also für einen Lyrikunterricht, der die Beteiligten so beglückt, dass sie – O-Ton H. Erhardt – „eine ganze Allee von Purzelbäumen schlagen".

40 Kopiervorlagen   Nr. 10 988   13,80 €

Kohls kreative Schreibwerkstätten

Die Schreibwerkstätten **für 8- bis 12-Jährige** befassen sich mit bedeutenden Größen deutscher Dichter und Schriftsteller. Der jeweilige Autor und Teile seiner Werke werden in abwechslungsreichen Aufgaben (z.B. Texte/Gedichte schreiben, Rätsel lösen, kreative Gestaltung) behandelt. Das Material ist im Sprachunterricht, im Wochenplan, in der Freiarbeit oder in Vertretungsstunden einsetzbar.

- **Wilhelm Busch** (42 Kopiervorlagen)   Nr. 10 859   13,80 €
- **James Krüss** (36 Kopiervorlagen)   Nr. 10 860   12,80 €
- **Erich Kästner** (56 Kopiervorlagen)   Nr. 10 912   15,80 €
- **Christian Morgenstern** (58 Kop.)   Nr. 10 913   15,80 €

Ringelnatz für Kinder

Wer könnte Kinder besser für Gedichte begeistern als der „Kindskopf" Ringelnatz? Er bedichtet Sauerampfer, Schnurrbarthaare und Ofenkacheln, belebt und verzaubert die kleinen Dinge, präsentiert anmutige Tagträume neben ruppigen Versen, ist Sprach(ver)former und trifft dabei genau die schrägen Töne, die Kinder an seinen Gedichten lieben. Diese Werkstatt lädt zu kreativ respektlosem Umgang mit seinen wunderbaren Werken ein! Deutschunterricht, der den Schülern „wie auf den Leib geschrieben ist"! 42 Kopiervorlagen

Nr. 10 847   13,80 €

Lust auf Lyrik!
Kreatives Schreiben zu neuen Gedichten

Diese 40 aktuellen Gedichte dürften Kinder für Lyrik begeistern: Sie sprechen eine kindliche Sprache, behandeln brisante Lebensthemen der 8- bis 14-jährigen, präsentieren Kurioses, Geheimnisvolles und Zauberhaftes, sind leicht zugänglich und humorvoll. Die Aufgaben regen dazu an, eigene Fantasien zu entwickeln, Paralleltexte zu schreiben, Handlungsideen weiter zu spinnen, mit szenischem Spiel zu arbeiten und vor allem: das Material mit allen Sinnen zu erleben. Sowohl in einer Lyrikreihe wie auch in der Freiarbeit oder für die Begabtenförderung einsetzbar. Die Aufgaben haben verschiedene Anforderungsniveaus, sodass Leistungsdifferenzierung möglich ist. Mit Glossar im Anhang.

48 Kopiervorlagen   Nr. 10 739   15,80 €

Lernwerkstatt Märchen, Fabeln & Sagen

Märchen, Fabeln & Sagen sind ein wesentlicher Bestandteil der Literatur im Deutschunterricht, da sie nachweislich die **Sprech- und Schreibkompetenzen der Schüler** fördern. Die Kopiervorlagen inspirieren zum **kreativen Schreiben** und zum Umgang mit der **Fantasie**. Die Aufgaben gehen neben den verkürzten Inhalten der Märchen, Fabeln und Sagen auch auf das **Textverständnis** und den **Sinn** ein. Zusätzlich lockern **Spiele** den Unterricht auf. Mit **Tests** zu den jeweiligen Themen!

Aus dem Inhalt: Des Kaisers neue Kleider; Das kalte Herz; Der Löwe und die Maus; Der gierige Hund; Das Pferd aus Holz; Krabat; Im Sagenholz; Wer wird Märchenrätselkönig u.v.m.

60 Kopiervorlagen   Nr. 10 857   15,80 €

Kohl-Verlag • Kirchenstr. 16 • 50170 Kerpen • Bestell-Hotline: 02275 / 331610 • Fax: 02275 / 331612

www.kohlverlag.de

Literaturunterricht

Kohls Deutschwerkstätten für einen aktiven & modernen Unterricht

Kohls große Literaturwerkstatt: Die Lernwerkstatt geht auf alle relevanten Literaturformen im Deutschunterricht ein. Die Arbeitsblätter sind gefüllt mit zahlreichen interessanten Beispielen aus der deutschen Literaturgeschichte. Dabei haben die einzelnen Arbeitsschritte folgende Ziele: 1. Sich in erzählte Situationen und Personen einfühlen; 2. Entscheidungen treffen; 3. Daraus Handlungen ableiten. Es wird fleißig gelesen, gesprochen, diskutiert und entschieden. So entsteht Motivation und Begeisterung – Begeisterung für Literatur!

Kohls große Balladenwerkstatt: Eine vielseitige und zugleich moderne Lernwerkstatt. Mit den hier vorgelegten Balladen und den Aufgaben erfahren die Schüler wesentliche Merkmale einer Ballade: 1. Eine zentrale Handlung berichtet von einem ungewöhnlichen und meist tragischen Einzelfall; 2. Balladen können einen magischen Zusammenhang von Mensch und Natur aufzeigen oder... 3. ...die schicksalhafte Kraft unlöslicher Liebe; 4. Politische Balladen setzen sich sozialkritisch mit aktuellen Themen auseinander. Wecken Sie damit Begeisterung für Balladen!

- **Kohls große Literaturwerkstatt** (46 Kopiervorlg.) Nr. 10 895   14,80 €
- **Kohls große Balladenwerkstatt** (46 Kopiervorlg.) Nr. 10 896   14,80 €

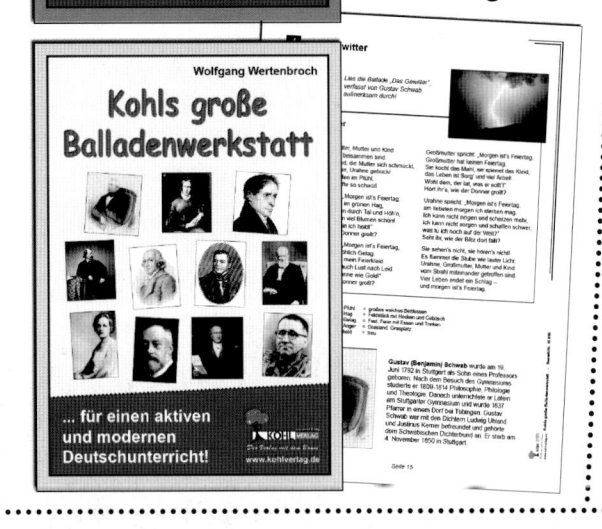

Zimtzicke - 33 dreiste Gedichte für Klassenraum und Schulbühne

Alles reimt sich von der ersten bis zur letzten Zeile: 33 giftige und zärtliche Dialoge, böse Balladen und spannende szenische Entwürfe für größere Gruppen. „Zimtzicke" ist eine Sammlung vielfältiger Bühnenauftritte, die sich für kleine Inszenierungen im Klassenverband, für den Theaterabend oder für die Erarbeitung im Deutschunterricht eignen. In der Freiarbeit können die Szenen in Partner-/Gruppenarbeit selbstständig eingeprobt und inszeniert werden. Das Material eignet sich für Mitwirkende verschiedenen Alters und für zahlreiche Anlässe. 40 Kopiervorlagen, mit Lösungen!   **Nr. 10 948   12,80 €**

Redewendungen, Sprichwörter & Co

Woher kommen unsere Redensarten – und was bedeuten sie? Die Redewendungen in den vier alltagsnahen Texten sind unvollständig, die Schüler dürfen die fehlenden Wörter einfügen. Diese Arbeit gibt den Schülern die Möglichkeit, ihre Kombinationsfähigkeit zu trainieren. Zusätzlich kann die historische Herleitung nach Belieben miteinbezogen oder ausgebaut werden. Somit werden Deutsch- und Geschichtsunterricht kombinierbar! **40 Kopiervorlagen**

Nr. 10 992   13,80 €

Die Erbse auf der Prinzessin

Andersens Märchen kreativ erschließen

Wenn Schreib- und Gestaltungsideen dazu anregen, Prinzessinnen zum Erbsen-Casting bei der künftigen Schwiegermutter zu begleiten oder mit der kleinen Meerjungfrau in die Phantasiewelt des großen Dänen abzutauchen, dann herrscht schnell unbändig entfesselte Leselust! Das ist spannender Lesestoff, den es im Deutschunterricht unbedingt zu entdecken gilt!
40 Kopiervorlagen

Nr. 10 991   13,80 €

**Erscheint im Frühling '09. Portofreie Nachlieferung!

„Was soll aus dir mal werden?"

Anhand von Reizthemen Diskutieren lernen, Stellung beziehen, eine eigene Meinung bilden

Altersgemäße Reizthemen werden aufgegriffen und abwechslungsreich verarbeitet. Die Schüler werden aufgefordert, sich mit dem jeweiligen Thema auseinanderzusetzen. Eigene Schlüsse und individuelle Interpretationen gefragt. Die Aufgabenstellungen wirken motivierend und fördern somit auf effektive Weise das kreative Schreiben! **42 Kopiervorlagen**

Nr. 14 097   12,80 €

Textverständnis und kreatives Schreiben

...mit 13 klassischen Abenteuergeschichten (von Robinson Crusoe bis zu Kalle Blomquist). Die Schüler üben im ersten Lernschritt ihr Textverständnis und werden anschließend durch Impulsfragen zum kreativen Schreiben angeregt. Ganz besonders zum Einsatz im **elementaren Förderunterricht** im Fach Deutsch geeignet. Aber auch Vertretungsstunden lassen sich hiermit durchaus sinnvoll und zeitfüllend nutzen! **Mit Lösungen zur Selbstkontrolle! 30 Kopiervorlagen**

Nr. 10 629   10,80 €

www.kohlverlag.de • Kohl-Verlag • Kirchenstr. 16 • 50170 Kerpen • Bestell-Hotline: 02275 / 331610 • Fax: 02275 / 331612